Lb 433.

QUELQUES MOTS

SUR

LE PROJET

DE RENDRE AUX PRÊTRES

LES REGISTRES DE L'ÉTAT CIVIL,

ET DE FAIRE PRÉCÉDER

LE MARIAGE

PAR LA BÉNÉDICTION NUPTIALE.

> Hier le sacrilége, aujourd'hui le droit d'aînesse et les substitutions, demain l'état civil au clergé.....
>
> (Discours de M. Bourdeau, séance du 25 mars.)

PARIS,

CHEZ TOUS LES LIBRAIRES,

MARCHANDS DE NOUVEAUTÉS

—

1826

PARIS. — IMPRIMERIE DE FAIN,
rue Racine, n°. 4, place de l'Odéon

QUELQUES MOTS

SUR

LE PROJET

DE RENDRE AUX PRÊTRES
LES REGISTRES DE L'ETAT CIVIL,

ET DE FAIRE PRÉCÉDER

LE MARIAGE

PAR LA BÉNÉDICTION NUPTIALE.

Depuis quelque temps un conflit de ministres, de prêtres et de jésuites, s'avance à grands pas vers la destruction de nos libertés. Les yeux fixés sur des siècles qui ne sont plus, ils encensent de loin cette idole imaginaire, et, n'aspirant qu'à déposer à ses pieds nos lois et nos institutions, ils frappent indistinctement tout ce qui gêne leur marche rétrograde. S'ils renversent l'obstacle, ils poursuivent; si leurs coups portent a faux, ils font un détour, mais jamais ils n'abandonnent leur projet, et c'est avec une opiniâtreté inconcevable qu'ils ébranlent les fondemens de notre législation La Charte surtout est l'objet de leurs attaques : ne pouvant l'abattre ils la minent peu à peu, et espèrent du moins la faire tomber en désuétude !

Les progrès de ces ennemis de nos institutions deviennent de jour en jour plus effrayans. repoussés par les tribunaux, ils se sont adressés à des chambres qu'ils ont cru plus favorables, et là, ils ont commencé de nouvelles manœuvres ce ne sont plus des procès qu'ils veulent, ce sont des lois

Pleins de confiance en leurs forces, ils ont voulu débuter par un coup d'éclat qui aurait porté atteinte a la fois a nos lois et à nos mœurs, à notre état civil et a notre état politique ; ils ont voulu faire en arrière un pas de géant, il ont proposé le droit d'aînesse, mais le succès n'a pas répondu à leur attente, et l'allégresse publique a signalé leur défaite.

Cependant cet échec n'a pas abattu leurs espérances, et ils poursuivent leur plan sans même nous laisser respirer. A peine échappons-nous au droit d'aînesse, et l'on nous menace de rendre au clergé les registres de l'état civil, l'on nous menace de faire précéder le mariage par la bénédiction nuptiale.

Deja tout a été préparé pour assurer ce projet. on a même sondé le terrain. Plusieurs pétitions ont été jetées en avant et leurs succès doivent nous faire craindre.....

Depuis 1816 la proposition faite par un député, M Lacheze-Murel, de rendre la tenue des registres de l'état civil au clergé, s'est successivement reproduite tous les ans sous la forme de petitions Tant qu'il a été possible de ne la considérer que comme le vœu de quelques pétionnaires isolés, on devait ne pas y attacher une grande importance, et la laisser passer comme tant d'autres. Aujourd hui la chose devient sérieuse, et ce n'est plus de simples pétitions dont il s'agit, puisque, dans le cours des trois premières sessions de la septennalité, toutes les commissions se sont prononcées pour cette dérogation au droit existant. [1]

[1] Voir le discours de M. Bourdeau a la Chambre des Deputes, seance du 25 mars 1826.

Ces paroles ne sont point rassurantes, mais elles sont vraies, et c'est la vérité que l'on demande aujourd'hui. La France ne veut plus qu'on la flatte, elle veut qu'on l'éclaire! Ce n'est plus un enfant que l'on doit distraire de ses blessures ; elle veut savoir quels sont ses maux, elle veut même connaître ceux qui la menacent.

Malheureusement il y a de quoi exercer sa prévoyance, et chaque jour l'on découvre de nouveaux orages. Celui qui gronde en ce moment doit nous causer de vives alarmes.

D'abord, avant d'en venir à rendre aux prêtres les registres de l'état civil, deux dispositions sont indispensables ; il faut faire précéder le mariage par la bénédiction nuptiale, et accorder la loi civile avec la loi canonique. On l'a bien senti, et la séance du 25 mars nous a révélé ce que nous avions à craindre.

Un sieur Geoffroy, desservant de Vigny, demande une loi qui puisse concilier, au sujet du mariage, les lois ecclésiastiques et les lois civiles.

Le pétitionnaire, comme ceux qui l'ont précédé dans l'expression du même vœu, n'a pas manifesté sa pensée toute entière, a dit M. Breton. Il eût été plus digne de la religion, et de la morale qu'il invoque, de ne pas prendre un moyen détourné pour arriver indirectement à un but que l'on n'ose pas encore avouer, mais qui n'est que trop évident. Ce but, il ne faut pas se le dissimuler, est d'opérer dans les formes actuelles de notre état civil un renversement complet, et de transporter au pouvoir ecclésiastique une attribution que nos lois mettent, avec raison, dans le domaine de l'administration [1].

Malgré l'évidence du but réel de la pétition, elle a été renvoyée au ministre de la justice. L'esprit de la chambre s'est donc montré favorable à cette proposition, et l'on peut maintenant lui présenter une loi avec confiance Si nous en croyons d'impatients désirs, le projet ne se fera pas attendre : peut-être même est-il déja rédigé.

Mais que faire relativement à l'article 162 du Code civil [2]. On sait que

[1] Voir le discours de M Breton a la Chambre des Députés, séance du 25 mars 1826

[2] 162 En ligne collaterale, le mariage est

le droit civil et le droit canonique comptent les degrés de parenté différemment. Les cousins germains sont au quatrième degré suivant le droit civil, et ne sont qu'au second selon le droit canonique. Doit-on supprimer l'article du Code civil ? doit-on demander au pape de permettre en France les mariages entre cousins germains ? doit-on lui demander aussi de les interdire entre beaux-frères et belles sœurs ? en un mot doit-on soumettre la loi civile à la loi canonique, ou bien la loi canonique à la loi civile ?

Soumet-on la loi civile à la loi canonique, défend-on le mariage entre cousins germains, il faut se résigner à voir abolir une loi sage, fondée sur

prohibé entre le frère et la sœur légitimes ou naturels, et les alliés au même degré.

l'etat actuel de la société, pour la sacrifier à une autre loi dont la base repose sur des mœurs qui ne sont pas les nôtres. Le temps n'est plus ou les cousins germains vivaient comme des frères, et où l'on voyait une nombreuse famille, rassemblée toute entière, ne former qu'un ménage dans une commune habitation. Les motifs de pureté et de décence qui faisaient écarter l'idée du mariage de tous ceux qui vivaient sous le même toit et sous la surveillance d'un même chef, ont donc cessé par rapport aux cousins germains.

Mais ils existent toujours à l'égard des beaux-frères et belles-sœurs, et c'est avec sagesse que la loi a défendu d'épouser la veuve de son frère : une telle union repugne a nos mœurs. Et cependant il faudrait la permettre en soumettant la loi civile à la loi canonique !

Soumet-on au contraire la loi canonique à la loi civile, a-t-on recours au pape, obtient-on à force d'argent une dispense générale, le voilà immiscé dans notre législation, et dans l'intérieur de nos familles Aujourd'hui Léon XII se conforme à nos lois, et permet à notre clergé de bénir l'union des cousins germains : nous pouvons nous marier Demain, sa politique le demande, il se rétracte, et nos mariages restent suspendus. Les ultramontains n'ont qu'à applaudir a un si beau projet; quel triomphe pour eux de voir nos lois et l'état de nos familles dépendre d'une bulle de Rome.

Mais, dira-t-on, qu'est-il besoin de

choisir entre ces deux écueils? Laissons l'autorité civile régler la capacité des parties, et que le prêtre ne puisse donner la bénédiction nuptiale, sans une autorisation du maire. Sans doute par cette mesure on empêcherait de faire consacrer par l'église des mariages prohibés par nos lois; mais empêcherait-on l'église de prohiber les mariages que permettent nos lois? Sans doute on éviterait le scandale de voir nos lois repousser des époux ou des enfans reconnus par l'église, et nos tribunaux proscrire leur union et leur naissance comme illégitimes, mais empêcherait-on le spectacle, encore plus déplorable peut-être, de citoyens privés de leurs droits civils par l'autorité religieuse, et de lois fléchissant devant des règles canoniques.

Dans le projet de faire précéder

l'acte de mariage par la bénédiction nuptiale, la première difficulté est donc de concilier le projet avec les lois civiles; la seconde, c'est de le concilier avec la charte. L'article du pacte social sur la liberté des cultes sera violé à chaque instant.

L'auteur de la Charte, en reconnaissant à tous une égale et entière liberté de professer sa religion, n'en a pas exigé d'eux la profession publique : il a entendu au contraire laisser à chacun le choix de son culte, et de la manière de le professer : c'est attaquer cette liberté que de forcer un citoyen de venir proclamer publiquement ce culte, d'en exiger de lui la preuve. Tel est cependant le résultat nécessaire de la proposition [1]

[1] Voir le discours de M. Bourdeau, séance du 25 mars 1826.

Quelle est votre religion ? Avez-vous-satisfait aux devoirs qu'elle impose ? Telles sont les questions qui auront lieu chaque jour, et sans leur solution l'officier civil ne pourra faire l'acte de mariage.

Encore dans la ville pourra-t-on échapper aux prêtres mais dans les campagnes le curé va être maître. Les malheureux propriétaires n'ont pas assez de toutes les tracasseries que leur suggèrent les autorités administratives ; ils vont en avoir d'un autre genre. Ce n'est pas seulement un adjoint importun qui les tourmentera pour avoir fait travailler le dimanche : c'est un prêtre qui viendra les traiter d'impies, et les menacera de ne point célébrer le mariage de leurs enfans, comme l'on menace maintenant de s'opposer à leur première communion. Que de tracasseries vont naître de la haine, de la sottise et du fanatisme ; et qui peut se flatter d'y échapper ?

Ce qui se passe aujourd'hui doit nous faire assez prévoir ce qu'il faudra attendre des prêtres, quand leur intervention dans le mariage sera nécessaire. Nous ne savons que trop combien ils sont jaloux de leur autorité, et disposés à la faire sentir : sans citer tant d'autres exemples, il nous suffit de rappeler qu'on les voit refuser leurs prières aux morts ; que, pour faire parade de leur puissance, ils ne craignent pas de troubler la douleur d'un fils, et d'insulter à ses larmes en outrageant sous de vains prétextes les restes d'un père qu'il pleure.

Porter un coup de plus à la Charte,

anéantir nos libertés, nous asservir au clergé, voilà le but qu'on se propose ! on nous livre aux prêtres pieds et poings liés.

Dans le mariage, si les ministres de l'église peuvent et doivent veiller sur la sainteté du sacrement, la puissance civile est seule en droit de veiller sur la validité du contrat Les réserves et les précautions dont les ministres de l'église peuvent user pour pourvoir à l'objet religieux, ne peuvent, dans aucun cas ni aucune manière, influer sur le mariage même, qui est en soi un objet temporel. C'est d'après ce principe que l'engagement dans les ordres sacrés, le vœu monastique et la disparité de culte qui étaient, dans l'ancien régime, des empêchemens dirimans, ne le sont plus. La religion dirige le mariage par sa morale, elle le sanctifie par ses rites, mais il n'appartient qu'à l'état de la régler par des lois, par rapport a la société.

On veut faire disparaître cette grande distinction entre la puissance ecclésiastique et la puissance seculière qui, selon Montesquieu, EST LA BASE SUR LAQUELLE REPOSE LA TRANQUILLITÉ DES PEUPLES [1]

Dispensateur du sacrement, le prêtre peut, il a même le droit de le refuser aux époux. Entre le prêtre

[1] Montesquieu, Grandeur et decadence des Romains, chapitre XXII.
« La source la plus empoisonnée de tous
» les malheurs de la Grece, c'est qu'ils ne
» connurent jamais la nature, ni les bornes
» de la puissance ecclesiastique et de la se-
» culière »

qui refuse, et le catholique qui demande la bénédiction, il devra se trouver un juge pour prononcer. Les obstacles sont tous religieux ; on ne peut pas leur donner un juge civil, voila donc le contrat temporel implicitement soumis à la puissance spirituelle [1].

Autrefois la ligne de démarcation entre les lois civiles et les lois religieuses était bien tracée, aujourd'hui on l'efface, autrefois pour se marier il suffisait d'avoir satisfait aux lois, aujourd'hui il faut avoir rempli ses devoirs religieux · on pouvait rendre ses enfans légitimes sans un billet de confession, maintenant il sera nécessaire, et ce papier va devenir un acte. Il ne suffit plus du consentement du

[1] Discours de M. Bourdeau.

pere, il faut celui du curé ; il ne suffit plus des publications prescrites par le Code, il faut les bans de l'église. C'est ainsi que l'autorité civile se fond dans l'autorité religieuse, et le clergé n'envahit pas sur le temporel!

Mais ce n'est pas assez : on veut, pour couronner l'œuvre, incorporer les prêtres dans l'administration, on veut en faire des officiers civils. Ce sont eux qui seront chargés de garder les registres garans de l'état des citoyens, et de leurs droits civils. Quelle analogie y a t-il donc entre un curé et un maire? quel rapport si intime existe t-il entre les fonctions ecclésiastiques et les charges administratives, pour qu'il soit besoin de les confondre? Si vous changez les curés en officiers civils, que ne changez-vous les évêques et les archevêques en préfets et en sous-préfets?

Avant la révolution les prêtres avaient les registres de l'état civil : telle est la réponse que les partisans de l'ancien régime regardent comme concluante. Ignorent-ils donc qu'avant la révolution cette réunion des fonctions civiles et ecclésiastiques dans la personne du curé amenait de grands désordres. En vain prenait-on des mesures pour les faire cesser. « Malgré les soins de l'autorité royale et du pouvoir temporel, le clergé cherchait constamment et parvenait à s'y soustraire ne voulant jamais entrer en partage avec la puissance civile ; et de la des négligences, des abus graves signalés par la législation elle-même. » Témoin l'édit de Louis XIV, du mois d'octobre 1691, dans le quel le roi explique comment l'exécution de l'ordonnance de 1667 était empêchée en plusieurs endroits par les curés et les vicaires ; en sorte, continue l'édit, que les précautions que nous avons ajoutées a celles qui avaient été prises par les rois nos prédécesseurs demeurent presque inutiles · en conséquence, création de greffiers conservateurs des registres de l'état civil : que fait le clergé ? Il achète les offices de conservateur. La mesure reste sans effet, et les abus continuent [1]. »

Aujourd'hui que tout est dans l'ordre, pourquoi vouloir rappeler les anciens abus ?

Que les prêtres gardent les registres de baptême : c'est à l'église à

[1] Discours de M. Bourdeau.

constater si nous sommes chrétiens, si nous avons droit a ses sacremens ; mais c'est à l'état civil a constater si nous avons droit a ses lois.

Vaines raisons ! ne faut-il pas à tout prix rendre au clergé son ancienne puissance ? ne faut-il pas faire revivre l'église ? C'est là le but proposé, c'est ce colosse abattu par le siècle dernier que nos pygmées du jour s'efforcent de relever de terre, sans prendre garde que posé sur une base mal assurée il peut retomber, et les écraser dans sa chute.

Cependant, d'après un arrêt célèbre, une partie de ce clergé que l'on veut élever, dont on veut faire un corps redoutable, PROFESSE HAUTEMENT DES DOCTRINES DONT LA PROPAGATION POURRAIT METTRE EN PÉRIL LES LIBERTÉS CI-

VILES ET RELIGIEUSES DE LA FRANCE [1].
C'est à ces prêtres jésuites que l'on veut rendre le pouvoir et la richesse, en dépit de nos lois et de nos institutions. Que leur manque-t-il encore pour accomplir un si beau projet ? la censure, et c'est ce qu'ils demandent à grands cris. La liberté de la presse est la seule barrière qui s'oppose à leur marche rétrograde : quand elle n'existera plus, où s'arrêteront-ils ?...... Encore un pas, et nous sommes sous le joug des prêtres.

En ce moment on veut dissiper les justes craintes qu'inspire le clergé, et c'est M. le ministre des affaires ecclésiastiques qui s'est chargé de cette tâ-

[1] Arrêt du 5 décembre 1825, dans l'affaire du Courrier Français.

che difficile : dans un discours prononcé à la Chambre des Députés, les 25 et 26 mai, lors de la discussion du budget ecclésiastique, ce ministre cherche à repousser tous les reproches que l'on fait aux prêtres.

Selon M. Frayssinous l'esprit d'envahissement et de domination que l'on attribue au clergé, la tendance à soumettre le temporel au spirituel, n'est qu'un bruit vague dénué de tout fondement ; la congrégation qu'on représente comme un vaste réseau qui embrasse la France, n'est qu'une réunion pieuse établie depuis 27 à 28 ans, et qui, depuis son origine, n'a eu d'autre but que des actes religieux. Selon M. l'évêque d'Hermopolis, on ne pourrait trouver des évêques plus assidus a leur diocèse, plus pieux, plus tolérans, plus charitables que les évêques actuels, et, s'ils habitent des palais, s'ils ont des tables somptueuses, c'est que ce luxe est nécessaire pour donner de l'éclat à la dignité dont ils sont revêtus; c'est que l'esprit du Christianisme a été de tout temps de chercher à frapper les sens pour pénétrer dans l'esprit. Apres l'éloge des évêques vient celui des curés, des vicaires et des desservans : cependant M. le ministre veut bien avouer que quelques-uns ont des défauts de caractère, d'autres des défauts d'éducation ; que la plupart manquent d'indulgence, et qu'il faut attendre que ces jeunes gens aient formé leur caractère et leurs principes : alors, dit-il, tout rentrera dans l'ordre. Enfin M. de Frayssinous aborde la question des registres de l'état civil et celle des mariages religieux. M. le ministre, sur le reproche que l'on adresse au clergé de vouloir obtenir la tenue des registres de l'état civil, répond que dans cette matière la loi est maîtresse de conférer les fonctions à qui bon lui semble, et que d'ailleurs les registres de l'état civil étaient bien tenus par le clergé. Quant au mariage religieux, la réponse est encore moins satisfaisante : M. le ministre exprime le désir de voir la législation civile et la législation religieuse telles qu'elles étaient autrefois.

C'est ainsi que M. de Frayssinous cherche a justifier le clergé. Nous ne saurions adopter ses raisons et, son discours ne nous paraît nullement propre à nous tranquilliser [1].

[1] M. le ministre des affaires ecclésiastiques ne trouve rien à reprendre dans son ministère.

Comment nous rassure-t-on sur cet esprit de domination qui tend à tout envahir et à soumettre le spirituel au temporel?

C'est en émettant le vœu de voir rendre aux prêtres que l'on trouve déja trop redoutables, de nouveaux élémens de puissance. Cependant on nous défie de montrer dans le clergé un accroissement de puissance, on

c'est le système de tous ses collègues. M. de Villele ne voit-il pas nos finances dans le meilleur état, M. de Corbière, les beaux-arts dans toute leur splendeur, M. de Peyronnet, les lois merveilleusement appliquées aux bandits de la Corse ; M. de Damas, la diplomatie française prépondérante en Europe ; M. de Clermont-Tonnerre, les troupes brûlant d'ardeur pour le service militaire; et M. de Chabrol, la mer couverte de nos vaisseaux ?.. Malheureusement il faut être ministre pour tout voir sous un aspect aussi riant.

nous dit que ce sont de ces bruits vagues qui, jetés dans le public, vont en se grossissant à mesure qu'ils s'éloignent de leur source, et finissent par tromper le vulgaire et surpendre même la conscience des sages Que M. de Frayssinous regarde donc ce qu'était le clergé, il y a dix ans, ce qu il est aujourd'hui ; qu'il se demande si, il y a dix ans, il était à la tête de l instruction publique, si, il y a dix ans, il y avait une Sorbonne, si, il y a dix ans, on remarquait dans la chambre des Pairs tant de crosses episcopales ; enfin si, il y a dix ans, on eût pensé a demander la restitution des registres de l'état civil et l'antériorité du mariage religieux sur le mariage civil ? Certes tout a bien changé de face : on ne parlait alors ni du clergé, ni des jésuites ; on ne parlait pas non plus des missionnaires.

Ils n'avaient pas planté leur croix dans tous les villages, dans toutes les villes de la France; on ne leur avait pas alors reconnu de chef lieu, et le souvenir de nos grands hommes occupait seul encore le Panthéon.

Cependant les missionnaires arrivent : irrités de ce que les disputes religieuses sommeillaient en France depuis plus de vingt ans, ils ont juré leur réveil : aussitôt leur voix tonnante a retenti dans toutes les chaires évangéliques, et déja le fanatisme a fait sa rentrée dans le monde, déja ces prédicateurs d'un genre nouveau, se sont applaudis de leur monstrueuse éloquence : partout ils ont sonné l'heure de la régénération, partout ils ont annoncé que le regne de l'impiété etait passé : ils ignoraient sans doute que les temps les plus religieux sont ceux où l'on parle le moins de religion.

Les jeunes prêtres, animés par l'exemple de ces sauveurs du monde, embrassent avec feu leurs doctrines, et l'esprit de tolérance commence à disparaître en France. La Saint-Barthélemi ne sera plus qu'une sainte rigueur.... Alors viennent les Jésuites, et à peine s'occupe-t-on sérieusement de leur existence, qu'ils sont partout, dans le gouvernement, dans l'armée, dans le clergé, dans l'instruction publique, et que, de l'aveu même de M. le ministre des affaires ecclésiastiques, ils ont sept colleges en France.

Et nous ne devons pas craindre! Quand les faits parlent si haut, un discours ne saurait nous rassurer.

www.ingramcontent.com/pod-product-compliance
Lightning Source LLC
Chambersburg PA
CBHW060607050426
42451CB00011B/2120